Bibliografische Information der Deutschen Nationalbibliothek:

Die Deutsche Bibliothek verzeichnet diese Publikation in der Deutschen National-
bibliografie; detaillierte bibliografische Daten sind im Internet über http://dnb.d-
nb.de/ abrufbar.

Impressum:

Copyright © 2014 GRIN Verlag, Open Publishing GmbH
Druck und Bindung: Books on Demand GmbH, Norderstedt Germany
ISBN: 9783668479715

Dieses Buch bei GRIN:

http://www.grin.com/de/e-book/369017/erstellung-eines-einfachen-und-vollstaen-
digen-online-shops-mit-free-und

Eugen Grinschuk, Daniel Falkner

Erstellung eines einfachen und vollständigen Online-Shops mit Free- und Shareware für ein fiktives Unternehmen

GRIN Verlag

Erstellung eines einfachen, vollständigen Online-Shops

Fallstudie Online-Shop

Eugen Grinschuk

und

Daniel Falkner

Inhaltsverzeichnis

Abbildungsverzeichnis

Abkürzungsverzeichnis

API   Application Programming Interface

CMS   Content Management System

DBMS   Datenbankmanagementsystem

GUI   Graphical User Interface

HTML   Hypertext Markup Language

OOP   objektorientierte Programmierung

PHP   Hypertext Preprocessor

SQL   Structured Query Language

WYSIWYG What You See Is What You Get

1 Einleitung

Das Assignment für das Studienmodul WEB04 - Fallstudie Online-Shop - wurde von Daniel Falkner und Eugen Grinschuk gemeinsam recherchiert und im Anschluss erstellt. Aus diesem Grunde wird eine einheitliche Gruppenbenotung ausdrücklich gewünscht.

1.1 Problemstellung und Ziel dieser Arbeit

Die Problemstellung dieser Arbeit ist, dass kein Online-Shop für ein fiktives Unternehmen vorhanden ist. Das Ziel dieser Arbeit ist es, dass ein einfacher, vollständig funktionierender Online-Shop mit einem kostenfreien Werkzeug erstellt werden soll. Im Internet werden zahlreiche verschiedene Werkzeuge angeboten, die zum Erstellen eines Online-Shops geeignet sind. Bei der Auswahl der Softwarelizenz soll der Fokus auf Open-Source oder zumindest auf Shareware[1] gelegt werden. In dem erstellten Online-Shop sollen Geschenkartikel angeboten werden.

1.2 Aufbau der Arbeit

Zunächst werden in Kapitel 2 wichtige Grundlagen erarbeitet, die für ein leichteres Verständnis der Arbeit sorgen sollen. Die technische Umsetzung des Online-Shops mit dem ausgewählten und kostenlosen Werkzeug wird in Kapitel 3 beschrieben und ist in zwei Hauptbereiche, die Installation sowie die Konfiguration des Online-Shops aufgeteilt. Kapitel 4 beschreibt den Customizing[2] Vorgang, welcher nach der Installation des Online-Shops notwendig ist, um den Online-Shop nach seinen eigenen Wünschen anzupassen. Schließlich wird in Kapitel 5 eine Zusammenfassung, kritische Würdigung sowie ein weiterer Ausblick gegeben.

---

[1][Die Shareware Autoren Vereinigung, 2014]
[2][Duden Customizing, 2014]

2 Funktionsumfang

In diesem Kapitel werden die wichtigsten Voraussetzungen zur Realisierung eines Online-Shops vorgestellt.

2.1 osCommerce

Die freie Online-Shop Software osCommerce[3] gibt es ca. seit März 2000 und wurde von Harald Ponce de Leon entwickelt.[4] Das System ist in verschiedenen Sprachen verfügbar. Zurzeit sind ca. 12.800 Online-Shops mit osCommerce realisiert und die Community zählt etwa 300.000 registrierte Mitglieder.[5] Einfache Erweiterungsmöglichkeiten sind durch Add-Ons[6] gegeben. Aktuell sind mehr als 7.000 Erweiterungen kostenlos zum Download verfügbar.[7]

2.2 Programmiersprache PHP

Die Programmiersprache Hypertext Preprocessor (PHP)[8] [9] ist eine Skriptsprache und vor allem im Webbereich sehr verbreitet. Ihre Syntax ist sehr an die Programmiersprachen C und Perl[10] angelehnt und wird als freie Software unter der PHP-Lizenz[11] verbreitet.[12] PHP wird mit 3 unterschiedlichen Application Programming Interfaces (API) zur Anbindung an MySQL Datenbanken ausgeliefert.[13] Mit Version 5 bietet PHP eine bessere Unterstützung zur objektorientierten Programmierung.[14] Durch die objektorientierte Programmierung (OOP) kann ein Projekt sehr übersichtlich gegliedert und programmiert werden. Dies erleichtert gerade bei mittleren bis größeren Projekten die Zusammenarbeit und die Wartung der Anwendung.

---

[3]Open Source Commerce
[4][Mercer and Mathé, 2006]
[5][OsCommerce, 2014]
[6]Ein Add-On ist ein optionales Modul, welches bestehende Software erweitert
[7]http://addons.oscommerce.com/
[8]http://www.php.net
[9](rekursives Akronym und Backronym für PHP: Hypertext Preprocessor, ursprünglich Personal Home Page Tools)
[10][Historie, 2014]
[11]http://www.php.net/license/3_01.txt
[12][PHP, 2014]
[13]http://www.php.net/manual/de/mysql.php
[14][Lahres and Rayman, 2009]

2.3 MySQL Datenbank

MySQL ist die beliebteste und am weitesten verbreitete Open-Source-Datenbank der Welt.[15] MySQL kennt die standardisierten Structured Query Language (SQL) Befehle, die von anderen Datenbanken, wie z. B. ORACLE[16] ebenfalls korrekt interpretiert werden. Da MySQL Open-Source ist, bildet sie die Basis für viele dynamische Webseiten, meist in Verbindung mit einem Content Management System (CMS).[17] Darin werden die Inhalte der Webseite, die Verlinkungen der Inhalte und Elemente der Webseite sowie Informationen und gewisse Einstellungen des CMS gespeichert. Datenbankabfragen der Webseite erfolgen mittels PHP. Damit lassen sich sehr dynamische und komplexe Internetanwendungen erstellen und verwalten.

Selbstständige, auf Dauer und flexiblen und sicheren Gebrauch ausgelegte Datenorganisation, die sowohl eine Datenbasis als auch eine zugehörige Datenverwaltung - Datenbankmanagementsystem (DBMS) - umfasst. Eine Datenbank dient dazu, eine große Menge von Daten strukturiert zu speichern und zu verwalten.[18]

3 Technische Umsetzung

Die technische Umsetzung des Online-Shops mithilfe des kostenfreien Werkzeugs osCommerce wird durch einen Installationsassistenten unterstützt. Dieser prüft die Voraussetzungen für die Installation der osCommerce Software und führt durch die klar strukturierte und benutzerfreundliche Einrichtung. Die technische Umsetzung wird in den nachfolgenden Kapiteln näher beschrieben.

3.1 Installation

Die Installation des Online-Shops mithilfe von osCommerce ist in nur vier Schritten abgeschlossen und der Online-Shop kann anschließend nach eigenen Wünschen angepasst werden. Für die Installation des Werkzeugs osCommerce, sind essenzielle Informationen zum Webserver und zur Datenbank notwendig. Im ersten Schritt des

---

[15][MySQL, 2014]
[16][Oracle, 2014a]
[17][Oracle, 2014b]
[18][Gabler, 2014]

Installationsvorgangs werden Informationen bezüglich Datenbankserver, Datenbank-
benutzer, das zugehörige Passwort sowie der Name der Datenbank abgefragt. Nach
Eingabe dieser ersten Informationen erfolgt der Verbindungstest zur Datenbank, bei
dem alle eingegebenen Informationen überprüft werden. Ist dieser Test fehlgeschlagen,
kann die Installation nicht fortgesetzt werden. Erst nach einer Korrektur dieser Informationen und einem erneuten Verbindungstest, kann die Installation von osCommerce
fortgesetzt werden, vorausgesetzt, die eingegebenen Daten sind diesmal korrekt. Bei
erfolgreichem Verbindungstest, kann die Installation fortgeführt werden. Abbildung 1
zeigt den ersten Installationsschritt.

Abbildung 1: osCommerce Installation Schritt 1

Konnte eine Verbindung zur Datenbank mit den eingegebenen Daten erfolgreich
hergestellt werden, werden im zweiten Installationsschritt weitere Informationen abgefragt, diesmal in Bezug auf den Webserver. Neben der Internetadresse wird zugleich
das Installationsverzeichnis abgefragt. Die Internetadresse kann eine Domain,[19] wie
zum Beispiel in Abbildung 2 ersichtlich ist, `http://www.kaufe-ein.de` sein
oder aber eine Subdomain, als Beispiel `http://www.online-shop.kaufe-ein.`
`de`. Unter der eingetragenen Internetadresse kann der Online-Shop nach Fertigstellung
der Installation aufgerufen werden.

---

[19][Domain, 2014]

Abbildung 2: osCommerce Installation Schritt 2

Das Installationsverzeichnis dient dazu, dass der Online-Shop mitsamt allen notwendigen Konfigurationsdateien, Modulen, Bildern und weiteren Dateien installiert werden kann. Für die Installation des Online-Shops muss sichergestellt werden, dass ausreichend Rechte zur Durchführung der Installation vorhanden sind. Damit der Online-Shop erfolgreich installiert werden kann, sind CHMOD 777 Rechte notwendig. CHMOD 777 bedeutet Vollzugriff für alle auf den ausgewählten Ordner bzw. auf die Datei und ist lediglich bei UNIX-, unixartigen- und Linux-Systemen gültig.[20] Das Berechtigungsschema CHMOD wird zum Schluss dieses Unterkapitels etwas näher erläutert. Sind die Berechtigungen unzureichend oder fehlerhaft, erscheint eine Fehlermeldung, die anzeigt, auf welche Dateien bzw. Ordner nicht zugegriffen werden kann. Denn bevor die Installation gestartet wird, prüft OsCommerce die Berechtigungen. Nach erfolgreicher Installation des Online-Shops können anschließend Dateien, wie beispielsweise Stylesheet-Dateien[21] verändert werden.

Installationsschritt drei, welcher in Abbildung 3 ersichtlich ist, frägt Informationen zum Online-Shop ab. Neben dem Namen und Besitzer des Online-Shops wird unter anderem die E-Mail-Adresse des Online-Shops abgefragt. Über diese E-Mail-Adresse

---

[20][Chmod Tutorial, 2014]
[21][Müller, 2013]

können die Besucher und Interessierte eine elektronische Nachricht versenden, die anschließend im E-Mail Postfach, welches dem Online-Shop zugehörig ist, wiedergefunden werden kann. Außerdem wird der Benutzername des Administrators sowie sein Passwort abgefragt. Durch Festlegung des Benutzernamens sowie des Passworts für den Administrator ist der Zugriff auf das Backend[22] gesichert. Nur in Kombination der beiden ist der Zugriff in das Backend des Online-Shops möglich.

Abbildung 3: osCommerce Installation Schritt 3

Nachdem alle notwendigen Informationen zum Online-Shop eingegeben worden sind und die Installation erfolgreich abgeschlossen wurde, werden im vierten Installationsschritt weitere abschließenden Anweisungen gegeben, die zur eigenen Sicherheit durchgeführt werden sollten. Die weiteren sicherheitsrelevanten Einstellungen, die nachträglich bei Bedarf durchzuführen sind, werden in Abbildung 4 dargestellt.

---

[22][End, 2014]

Abbildung 4: osCommerce Installation Schritt 4

Demnach wird aus Sicherheitsgründen empfohlen, das Installationsverzeichnis vom Webserver zu entfernen. Denn, sollte sich jemand Zugriff zu diesem Installationsverzeichnis verschaffen, hat er die Möglichkeit den Installationsassistenten erneut durchzuführen. Dies würde bedeuten, dass der bestehende Online-Shop samt der Datenbank überschrieben wird und somit alle Daten in der Datenbank verloren sind und der Online-Shop nicht mehr funktional ist. Zur weiteren erhöhten Sicherheit wird empfohlen, das admin-Verzeichnis umzubenennen. Dies wird daher empfohlen, da in diesem Verzeichnis Konfigurationsdateien zu finden sind. Ein Zugriff auf dieses Verzeichnis bedeutet zugleich, den Zugriff auf die Konfigurationsdateien zu haben und somit Zugang zum Online-Shop. Wenn das admin-Verzeichnis umbenannt wird, muss der neue Name des admin-Verzeichnisses in der Konfigurationsdatei configure.php ebenfalls angepasst werden. Diese befindet sich einmal im includes-Verzeichnis und ist ein zweites Mal im includes-Verzeichnis unter dem admin-Verzeichnis zu finden. Des Weiteren wird dem Administrator des Online-Shops nahegelegt, Konfigurationsdateien – hier configure.php – mit niedrigeren Rechten zu versehen. Wenn die Installation und die Konfiguration des Online-Shops abgeschlossen ist, sollten die Berechtigungen der beiden configure.php Dateien auf CHMOD 644 gesetzt werden. Das bedeutet, dass diese Konfigurationsdateien nun schreibgeschützt aber lesbar sind. Für den Besitzer der Datei oder des Verzeichnisses bleibt es allerdings weiterhin beschreibbar. In Abbildung 5 ist die CHMOD 644 Berechtigung zu sehen. Mit CHMOD 644 Berechtigung darf nur der Owner[23] der Datei oder des Verzeichnisses schreibend darauf zugreifen, alle anderen nur lesend. Mit CHMOD 777 wären demnach alle Kästchen aktiviert und jeder dürfte lesend, schreibend sowie ausführend auf die Datei bzw. das Verzeichnis zugreifen. Die Zahlen ergeben sich aus der Wertigkeit der jeweiligen Berechtigung. Demnach besitzt read (lesen) die Wertigkeit 4, write (schreiben) 2 und execute (ausführen) schließlich die 1.[24] Owner ist die erste Ziffer in der Reihenfolge, gefolgt von group an zweiter Stelle und zuletzt von everyone an dritter Stelle.

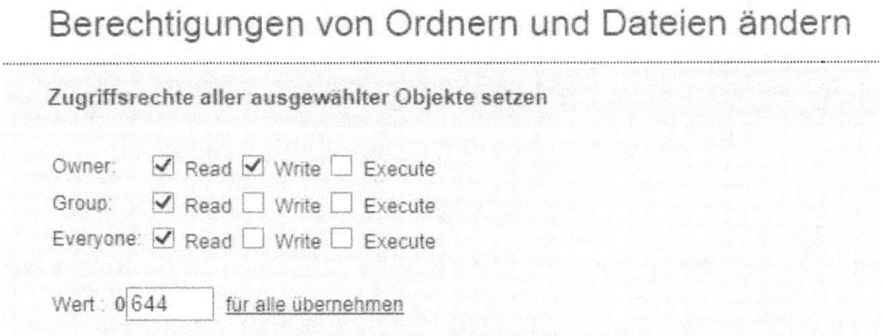

Abbildung 5: CHMOD 644 Berechtigungsschema

Ein weiteres Sicherheitsproblem besteht allerdings weiterhin, wenn der Online-Shop nicht in der Standardsprache Englisch installiert und geführt wird. Aufgrund der Tatsache, dass andere Sprachen, wie zum Beispiel Deutsch, nicht sofort mit dem neuen Release zur Verfügung stehen, sondern etwa ein bis zwei Releases später verfügbar sind, bleiben die Sicherheitslücken bei diesen Versionen bestehen. Damit sind eventuell bekannte Sicherheitslücken weiterhin offen und der Online-Shop ist somit angreifbar. Neben den geschlossenen Sicherheitslücken, ist auf die richtige Version von PHP zu achten. Denn wird eine zu neue Version verwendet, kann es zu Problemen bei der Funktionalität des Online-Shops kommen. Eine mögliche Ablaufstörung wäre unter anderem, dass bei Ausführung bestimmter Funktionen eine Warnung oder ein Fehler auftritt und die Durchführung dieser Funktionalität stört oder gar unmöglich macht. Abbildung 6 zeigt beispielhaft eine Warnmeldung, die aufgrund zu neuer PHP-Version

---

[23]Englisch: Besitzer
[24][Chmod Tutorial, 2014]

zustande kommt und in diesem Fall sogar die Fortführung der Bestellung durch den Kunden verhindert.

Abbildung 6: Deprecated Warnung bei aktueller PHP-Version

Der nächste Klick auf den Button *"Weiter"* würde nicht mehr funktionieren und der Kunde erhält eine weiße Seite mit den oben aufgeführten Warnmeldungen. Um dies zu umgehen ist es notwendig, den Code in der dp.php, welche sich im Verzeichnis includes/modules/shipping befindet zu ändern. Laut Warnmeldung ist der Code in den Zeilen 64 und 79 bei der Funktion *split()*[25] als deprecated markiert. Dies bedeutet, dass die Funktion *split()* in der nächsten PHP-Version nicht mehr zur Verfügung steht. Damit die Funktion mit der auf dem Webserver installierten PHP-Version funktioniert, muss die Funktion *split()* durch die Funktion *preg_split()*[26] ersetzt werden. Der angepasste Code ist in Abbildung 7 in den Zeilen 64 und 79 ersichtlich.

---

[25]http://de3.php.net/manual/de/function.split.php
[26]http://de3.php.net/manual/de/function.preg-split.php

```
64    $country_zones = preg_split("[,]", $countries_table);
65         if (in_array($dest_country, $country_zones))
66         {
67         $dest_zone = $i;
68         break;
69         }
70    }
71
72
73    if ($dest_zone == 0) {
74    $error = true;
75    } else {
76    $shipping = -1;|
77    $dp_cost = constant('MODULE_SHIPPING_DP_COST_' . $i);
78
79    $dp_table = preg_split("[:,]" , $dp_cost);
80         for ($i=0; $i<sizeof($dp_table); $i+=2) {
81             if ($shipping_weight <= $dp_table[$i]) {
82             $shipping = $dp_table[$i+1];
83             $shipping_method = MODULE_SHIPPING_DP_TEXT_WAY . ' [ ' . $dest_country . ' ]';
84             break;
85             }
86         }
87
88         if ($shipping == -1)
```

Abbildung 7: Angepasster Code um die deprecated Warnung zu unterbinden

Damit ist es für den Kunden nun möglich, seine Bestellung fehlerfrei durchzuführen.

3.2   Konfiguration

Nachdem der Online-Shop voll funktionsfähig bereitsteht, sind weitere Einstellungen bzw. Anpassungen im Backend notwendig, damit der Online-Shop individualisiert werden kann. Am wichtigsten sind allerdings die Online-Shop Bestandteile. Neben neuen Herstellern samt Logo können Artikelkategorien sowie neue Artikel mit den dazugehörigen Bildern und Beschreibungen aufgenommen werden. Die wichtige Eigenschaft eines Online-Shops, ständig neue Angebote anzubieten und den Kunden bei Neuerscheinungen oder über Verfügbarkeit eines Artikels in Kenntnis zu setzen, macht osCommerce möglich. Bei einem Online-Shop besteht nicht die Möglichkeit die Ware anzufassen und anzusehen, vergleichbar wie in einem lokalen Geschäft. Potenzielle Kunden eines Online-Shops können sich den Artikel auf den Bildern ansehen und die Beschreibung dazu lesen. Daher legen viele Kunden Wert auf eine Artikelbewertung durch andere Kunden, die diesen Artikel bereits gekauft haben. Diese Funktion kann im Backend aktiviert und abgegebene Artikelbewertungen können freigeschaltet, geändert oder abgelehnt werden. Des Weiteren ist es möglich, Versandkosten und Lieferbedingungen einzustellen, sodass Besucher und Kunden sich über diese Konditionen informieren können. Ein Online-Shop sollte unbedingt eine Registrier-Funktion besitzen, damit Kunden Ihre Kundendaten, die sie bei der ersten Registrierung eingegeben haben, ändern und auch wiederverwenden können. Die beim Kunden abzufragenden

Informationen und bestimmte Pflichtfelder lassen sich im Backend des Online-Shops festlegen. Abbildung 6 zeigt die Bestätigungsmail nach erfolgreicher Erstregistrierung des Kunden im Online-Shop. Diese und die darin enthaltenen Informationen werden im Backend festgelegt. Damit der Kunde sichergehen kann, dass seine Bestellung erfolgreich und nach seinen Wünschen aufgenommen wurde, wird eine Bestellbestätigung versendet. Der Text samt den Informationen, die in dieser Bestellbestätigung enthalten sein sollen, wird wiederum im Backend definiert.

Sehr geehrter Herr kunde,

willkommen zu **D&E Shop**.

Sie können jetzt unseren **Online-Service** nutzen. Der Service bietet unter anderem:

- **Kundenwarenkorb** - Jeder Artikel bleibt registriert bis Sie zur Kasse gehen, oder die Produkte aus dem Warenkorb entfernen.
- **Adressbuch** - Wir können jetzt die Produkte zu der von Ihnen ausgesuchten Adresse senden. Der perfekte Weg ein Geburtstagsgeschenk zu versenden.
- **Vorherige Bestellungen** - Sie können jederzeit Ihre vorherigen Bestellungen überprüfen.
- **Meinungen über Produkte** - Teilen Sie Ihre Meinung zu unseren Produkten mit anderen Kunden.

Falls Sie Fragen zu unserem Kunden-Service haben, wenden Sie sich bitte an den Vertrieb: info@kaufe-ein.de.

Achtung: Diese eMail-Adresse wurde uns von einem Kunden bekannt gegeben. Falls Sie sich nicht angemeldet haben, senden Sie bitte eine eMail an info@kaufe-ein.de.

Abbildung 8: osCommerce Willkommens E-Mail

Um den Online-Shop in mehreren Sprachen führen zu können, müssen die zusätzlich gewünschen Sprachen nachträglich installiert werden. Dazu müssen die entsprechenden Sprachdateien von der offiziellen OsCommerce Internetseite heruntergeladen[27] und mittels FTP[28] auf den Webserver in die entsprechenden Verzeichnisse übertragen werden. Nach erfolgreicher Installation der gewünschten Sprachen, stehen diese im Backend für den Administrator sowie im Frontend[29] für den Kunden zur Verfügung. Allerdings ist nach der Installation der zusätzlich gewünschten Sprachen der Online-Shop nicht automatisch in dieser verfügbar. Mit der Installation der zusätzlichen Sprachen findet lediglich die Übersetzung des bereits vorhandenen Standardtextes statt. Die Artikelbeschreibungen, Versand- und Lieferbedingungen und alles Weitere, was selbstständig hinzugefügt wurde, muss manuell übersetzt werden. Einige wichtige Unterseiten wie beispielsweise das Impressum sind bereits als Datei vorgegeben und müssen entsprechend an die im jeweiligen Land gültigen gesetzlichen Regelungen angepasst werden. Weitere Unterseiten können im Backend hinzugefügt

---

[27][OsCommerceSprachen, 2014]
[28][Protocol, 2014]
[29][und Backend, 2014]

werden. Um die Rechnungsstellung zu vereinfachen, kann der Rechnungs- und Lieferscheintext im Backend vordefiniert werden. So wird dem Online-Shop-Betreiber Zeit bei der Erstellung der Rechnungen bzw. Lieferscheine erspart.

4 Customizing

Gerade das Anpassen eines Online-Shops an eine vorhandene CI/CD[30] Richtlinie ist für den einheitlichen Markenauftritt eines Unternehmens nicht nur im Internet sehr wichtig. Diese Möglichkeit ist bei der osCommerce Software nur beschränkt umsetzbar. Aufgrund des sehr hohen Projektalters basiert die Programmiertechnik nicht mehr einem *State of the Art* Entwicklungszustand. Das Fehlen von Techniken zum strikten Trennen von Programmierlogik und des Graphical User Interfaces (GUI) erschweren die Integration eines eigenen Online-Shop-Designs erheblich. Für das Erstellen eigener Informationsseiten sind nur Basisfunktionen vorhanden. Das Editieren dieser Seiten wird durch einen What You See Is What You Get (WYSIWYG)-Editor unterstützt und somit sind keine Hypertext Markup Language (HTML) Kenntnisse erforderlich. Allerdings sind die Möglichkeiten sehr begrenzt, zum Beispiel ist es nicht möglich, wie von anderen CMS gewohnt, die Seiten logisch zu verschachteln.

5 Zusammenfassung

Zusammenfassend lässt sich feststellen, dass die osCommerce Software sehr viele Features besitzt, allerdings aufgrund der fehlenden Flexibilität beim Customizing nur bedingt für größere Unternehmen und Online-Shops geeignet ist.

5.1 Kritische Würdigung

Das Gesamtsystem an sich bietet eine solide Basis für kleinere Online-Shops. Durch die große Anzahl der Community Plugins sind auch Anpassungen nach den eigenen Bedürfnissen mit relativ wenig zeitlichem Aufwand möglich. Für eine Abgrenzung

---

[30]englisch: Corporate Identity/Corporate Design

zum Wettbewerb sollten noch andere, auf dem Markt befindlichen Online-Shop Lösungen, im Vorfeld betrachtet werden.

5.2 Ausblick

Gerade wegen der fehlenden Templatefunktionalität und des nicht mehr *State of the Art* Entwicklungsstand der Codebasis tauchen immer mehr Open-Source Produkte auf dem Markt auf. Mit der steigenden Anzahl von mobilen internetfähigen Endgeräten,[31] wie Smartphones oder Tablets, ist infolgedessen auf eine optimale Darstellung der unterschiedlichen Bildschirmauflösungen besonders zu achten.

---

[31][Internetnutzung, 2014]

Literaturverzeichnis

[Chmod Tutorial, 2014] Chmod Tutorial (2014). Abruf am 13.02.2014. `http://www.tutorials.de/content/1192-ist-chmod-777-tutorial.html`.

[Die Shareware Autoren Vereinigung, 2014] Die Shareware Autoren Vereinigung (2014). Abruf am 07.02.2014. `http://www.s-a-ve.com`.

[Domain, 2014] Domain (2014). Abruf am 13.02.2014. `http://www.itwissen.info/definition/lexikon/Domaene-domain.html`.

[Duden Customizing, 2014] Duden Customizing (2014). Abruf am 07.02.2014. `http://www.duden.de/rechtschreibung/Customizing`.

[End, 2014] End, B. (2014). Abruf am 13.02.2014. `http://www.itwissen.info/definition/lexikon/Back-End-back-end.html`.

[Gabler, 2014] Gabler (2014). Abruf am 03.02.2014. `http://wirtschaftslexikon.gabler.de/Definition/datenbank.html`.

[Historie, 2014] Historie, P. (2014). Abruf am 17.02.2014. `http://php.net/manual/de/history.php.php`.

[Internetnutzung, 2014] Internetnutzung, S. M. (2014). Abruf am 17.02.2014. `http://www.initiatived21.de/wp-content/uploads/2013/02/studie_mobilesinternet_d21_huawei_2013.pdf`.

[Kofler, 2005] Kofler, M. (2005). *MySQL 5 - Einführung, Programmierung, Referenz*. Pearson Deutschland GmbH, München, 1. aufl. edition.

[Lahres and Rayman, 2009] Lahres, B. and Rayman, G. (2009). *Objektorientierte Programmierung - das umfassende Handbuch*. Galileo Press GmbH, Bonn, 2. aufl. edition.

[Lerdorf et al., 2007] Lerdorf, R., Tatroe, K., MacIntyre, P., Schulten, L., and Klicman, P. (2007). *Programmieren mit PHP -*. O'Reilly Germany, Köln, 2. überarb. u. vollst. aktualis. a. edition.

[Mercer and Mathé, 2006] Mercer, D. and Mathé, M. (2006). *OsCommerce - Online-Shops aufbauen & verwalten*. Addison-Wesley, Amsterdam, 1. aufl. edition.

[MySQL, 2014] MySQL (2014). Abruf am 03.02.2014. `http://www.mysql.de/why-mysql/marketshare`.

[Müller, 2013] Müller, P. (2013). *Einstieg in CSS: Webseiten gestalten mit HTML und CSS*. Galileo Press, 1. auflage edition.

[Oracle, 2014a] Oracle (2014a). Abruf am 03.02.2014. `http://www.oracle.com/de/products/database/overview/index.html`.

[Oracle, 2014b] Oracle (2014b). Abruf am 03.02.2014. `https://www.bsi.bund.de/DE/Publikationen/Studien/CMS/Studie_CMS.html`.

[OsCommerce, 2014] OsCommerce (2014). Abruf am 03.02.2014. `http://oscommerce.com/`.

[OsCommerceSprachen, 2014] OsCommerceSprachen (2014). Abruf am 13.02.2014. `http://addons.oscommerce.com/category/Languages`.

[PHP, 2014] PHP, W. (2014). Abruf am 16.02.2014. `http://de.wikipedia.org/wiki/PHP`.

[Protocol, 2014] Protocol, F. F. T. (2014). Abruf am 13.02.2014. `https://www.elektronik-kompendium.de/sites/net/0902241.htm`.

[Schlossnagle, 2006] Schlossnagle, G. (2006). *Professionelle PHP 5-Programmierung -*. Pearson Deutschland GmbH, München, 1. aufl. edition.

[Schmidt, 2009] Schmidt, S. (2009). *PHP Design Patterns -*. O'Reilly Germany, Köln, 2. auflage edition.

[Theis, 2013] Theis, T. (2013). *Einstieg in PHP 5.5 und MySQL 5.6 - Für Programmieranfänger geeignet*. Galileo Press GmbH, Bonn, 9. aufl. edition.

[und Backend, 2014] und Backend, F. (2014). Abruf am 13.02.2014. `http://lehrerfortbildung-bw.de/werkstatt/cms/joomla/04_frontend_und_backend.htm`.

www.ingramcontent.com/pod-product-compliance
Lightning Source LLC
LaVergne TN
LVHW082349060326
832902LV00017B/2746